Książka kucharska z owocami morza 2022

100 pysznych przepisów na owoce morza z nowymi sposobami gotowania i jedzenia

MAGDALENA SIWEK

Spis treści

WPROWADZANIE

Jeśli nigdy wcześniej nie gotowałeś ryb ani owoców morza, czeka Cię prawdziwa uczta. Wspaniałą rzeczą w rybach i owocach morza jest to, że często są przygotowywane w najbardziej podstawowy sposób. To doskonały szybki posiłek, który będziesz jadł częściej, niż się spodziewałeś.

PRZEPISY NA OWOCE

1. Szybka zupa rybna z warzywami

Składniki

- $\frac{1}{2}$ czerwonej papryki
- 50 g małej marchewki (1 mała marchewka)
- 1 szalotka
- 1 łyżeczka oleju rzepakowego
- Sól
- pieprz
- 300 ml wywaru rybnego (szkło)
- 100 g fileta z łupacza
- Sos Worcester do smaku

- 1 łodyga natki pietruszki

Etapy przygotowania

1. Wydrążyć, umyć i pokroić połówkę papryki w cienkie paski.
2. Umyć, oczyścić, obrać marchewkę, przekroić wzdłuż na pół i pokroić w cienkie plasterki. Szalotkę obrać i bardzo drobno pokroić w kostkę.
3. Rozgrzej olej w garnku. Podsmaż paprykę, marchewkę i szalotkę na średnim ogniu, mieszając przez 1 minutę. Lekko sól i pieprz.
4. Wlać wywar rybny, zagotować, przykryć i delikatnie gotować przez 5 minut.
5. W międzyczasie opłucz filet rybny zimną wodą, osusz papierem kuchennym i pokrój na kawałki wielkości kęsa. Dodaj do zupy i gotuj na wolnym ogniu przez około 5 minut.
6. W międzyczasie umyj pietruszkę, wytrzyj do sucha i zerwij liście.
7. Dopraw zupę sosem Worcestershire, solą i pieprzem. Do podania wymieszać z natką pietruszki.

2. Zimna zupa ogórkowa z rakami

Składniki

- 2 ogórki (średnie)
- 500 ml kwaśnej śmietany (jogurt lub maślanka)
- Sól
- Papryka (biała, z młyna)
- Koperek
- trochę czosnku

Za wpłatę:

- 12 ogonków rakowych (do 16, swobodnie, uniesionych)
- Kostki ogórka
- Kostki pomidorowe
- gałązki kopru

przygotowanie

1. Na zimną zupę ogórkową z rakami ugotuj kraby i uwolnij ogony. Ogórek obrać, wydrążyć i wymieszać ze śmietaną (jogurtową lub maślanką). Dopraw solą, pieprzem, koperkiem i odrobiną czosnku. Ułożyć na schłodzonych talerzach, ułożyć kostkę ogórka i pomidora, ogony krabowe i udekorować koperkiem.

3. Wyraźna zupa rybna z pokrojonymi w kostkę warzywami

Składniki

- 1 l wywaru rybnego (przezroczysty, mocny)
- 250 g kawałków filetu rybnego (do 300 g, mieszane, bez kości, pstrąga itp.)
- 250 g warzyw (gotowane, kalafior, por, marchew itp.)
- Sól
- trochę pieprzu
- Szafran
- trochę piołunu (ewentualnie suche)
- 1 gałązka (ki) koperku
- Trybula (lub bazylia do dekoracji)

przygotowanie

1. Gotowy wywar rybny dopraw solą, pieprzem i szafranem namoczonym w niewielkiej ilości wody i dopraw odrobiną piołunu. Ugotowane warzywa pokrój w drobną kostkę i gotuj na wolnym ogniu z filetem rybnym przez około 4-5 minut. Szybko ułóż na gorących talerzach i udekoruj świeżymi ziołami.

4. Krewetkowa Zupa Imbirowa

Składniki:

- łyżka pełna brązowego cukru
- 500,0 gramów surowych krewetek
- 20,0 gramów imbiru
- jednostka palca dziewczyny Pepper
- łyżka sosu rybnego

przygotowanie

1. Obierz krewetki i usuń wnętrzności.
2. Zachowaj główki i muszle, dobrze je umyj i włóż do garnka z wodą i szczyptą soli.
3. Gotuj, aż bulion będzie czerwonawy (10 minut), odcedź i naciśnij, aby wydobyć cały bulion.

4. Otrzymany bulion zagotować i doprawić namplą (sosem rybnym) i brązowym cukrem.
5. Pokrój papryczkę chili i trawę cytrynową, dodaj do bulionu razem z liśćmi cytryny kafiru i plasterkami imbiru.
6. Dodaj krewetki i gotuj, aż zmienią kolor.
7. Do miseczek wlać sok z cytryny, zalać gorącym bulionem, posypać posiekaną kolendrą i podawać.

5. Krewetki czosnkowe

Składniki

- 24 krewetki (średniej wielkości, oderwane i gotowe do przyrządzenia)
- 250 ml oliwy z oliwek
- 6 kawałków ząbków czosnku
- 2 kawałki papryczek chilli (suszone)
- Sól (z młyna)

przygotowanie

1. Czosnek pokroić w cienkie plasterki, papryczki chili przekroić na pół, usunąć pestki i pokroić na małe kawałki.
2. Rozgrzej oliwę na patelni i smaż na rozgrzanym oleju czosnek i papryczki chilli, aż czosnek nabierze jasnego koloru.
3. Posolić krewetki i smażyć przez około 3 minuty, aż będą ładne i różowe.
4. Podawać na gorąco.

6. Krewetki z czosnkiem

Składniki

- 500 g krewetek (małe, krewetki)
- 1 papryczka chilli (czerwona)
- 5 ząbków czosnku
- 2 łyżki natki pietruszki (drobno posiekanej)
- 1 liść laurowy
- Oliwa z oliwek
- Sól morska (z młyna)
- Pieprz (z młyna)

przygotowanie

1. Odkręć krewetki od skorupy i usuń jelita. Papryczkę chilli wydrążyć i pokroić w cienkie półpierścienie, czosnek drobno. Na patelni rozgrzać oliwę i smażyć krewetki z chilli, czosnkiem i liściem laurowym przez 2 minuty na stosunkowo dużym ogniu, cały czas

mieszając. Przed podaniem dopraw solą i pieprzem oraz posyp posiekaną natką pietruszki.

7. Danie z jajkiem truflowym

Składniki

- 100 g krewetek (obranych i ugotowanych)
- 3 żółtka
- 125 ml mleka
- 125 ml bitej śmietany
- Sól morska (z młyna)
- Papryka (biała, z młyna)
- 1 łyżka oliwy truflowej

przygotowanie

1. Mleko, śmietanę, żółtko i oliwę truflową ubijaj w naczyniach ze stali nierdzewnej, cały czas mieszając na gorącej parze, aż jajko zacznie gęstnieć.
2. Krewetki z grubsza posiekać i dodać do jajka truflowego.

3. Naczynie na jajka truflowe doprawić świeżo zmieloną solą i pieprzem.

8. Przegrzebki na szpikulcu

Składniki

- 16 przegrzebków
- 1/2 czerwonej papryki

Do marynaty:

- trochę soku z limonki
- trochę skórki nietraktowanej limonki
- 1 szczypta curry w proszku
- Sól

przygotowanie

1. Na przegrzebki na szpikulcu wymieszać sok i skórkę z limonki, curry, sól i pieprz z oliwą z oliwek do marynaty. Przegrzebki włożyć do marynaty i pozostawić na godzinę do zaparzenia.

2. W międzyczasie z papryki zdejmij skórkę, pestki, łodygę i pokrój w kostkę.
3. Na drewniane szpikulce na przemian układać przegrzebki i kawałki pieprzu. Umieść na gorącym grillu i grilluj z każdej strony przez około 6 minut.

9. Kanapka z marynowanym łososiem i pstrągiem

Składniki

- Ciabatte (lub biały chleb)
- 2 plastry pstrąga łososiowego (pokrojonego)
- 1 łyżka serka śmietankowego (naturalny)
- 1 łyżeczka sosu miodowo-musztardowo-koperkowego
- Liście sałaty
- Plastry ogórka

przygotowanie

1. Na kanapkę z marynowanym pstrągiem łososiowym kroimy chleb ciabatta na pół, dolną połowę smarujemy serkiem śmietankowym i przykrywamy liśćmi sałaty.
2. Na wierzchu połóż plastry pstrąga łososiowego i posmaruj sosem miodowo-

musztardowym. Zakończ plasterkami ogórka i górną połową chleba.

10. Pasta rybna z domku

Składniki

- 250 g twarogu
- 1/2 pęczka szczypiorku
- 1 puszka (puszki) tuńczyka (naturalny)
- Sól
- pieprz
- 1 porcja soku z cytryny

przygotowanie

1. Do pasty rybnej umyć i drobno posiekać szczypiorek. Pokrój tuńczyka. Twarożek wymieszać ze szczypiorkiem, tuńczykiem i sokiem z cytryny.
2. Dopraw solą i pieprzem.

11. Smażony filet z dzikiego łososia

Składniki

- 60-dniowy filet z dzikiego łososia
- 8 dag masła
- Sól
- pieprz
- Płatki chilli

przygotowanie

1. Do upieczonego fileta z dzikiego łososia posolić i popieprzyć filety z dzikiego łososia i posypać kilkoma płatkami chili. Rozgrzej

masło na patelni i usmaż filety z łososia z obu stron.

2. Ułóż i podawaj.

12. Pasta z łososia z twarogiem

Składniki

- 250 g twarogu
- 200 g wędzonego łososia (drobno posiekanego)
- 1/2 cytryny (sok)
- Sól
- pieprz
- Zioła (zgodnie z życzeniem)

przygotowanie

1. Wędzonego łososia drobno posiekać.

2. Twaróg, wędzony łosoś, sok z cytryny, wybrane zioła, sól i pieprz dobrze wymieszać.
3. Dopraw ponownie do smaku i podawaj.

13. Pasta z wędzonego pstrąga

Składniki

- 1 szklanka creme fraiche
- 3 jajka (na twardo)
- 2 pstrągi (wędzone)
- 3 łyżki ziół (posiekane)
- szczypta pieprzu
- 1/2 szklanki kwaśnej śmietany
- 1 porcja soku z cytryny
- Sól

przygotowanie

1. Aby przygotować pastę z wędzonego pstrąga, obierz jajka na twardo, pokrój je drobno i włóż do miski. Pokrój filety z pstrąga i dodaj.
2. Wymieszaj z creme fraiche i kwaśną śmietaną, aby uzyskać smarowidło rybne. Na koniec dopraw odrobiną soku z cytryny i posiekanymi ziołami.
3. Doprawić do smaku solą i pieprzem i pozostawić wędzonego pstrąga rozsmarowanego w lodówce na około 60 minut.

14. Sałatka z tuńczyka z fasolą

Składniki

- 2 puszki tuńczyka (meksykańskiego)
- 1/2 papryki (żółta)
- trochę sałaty lodowej (oczyszczonej i umytej)
- pomidor
- łyżki octu (najlepiej octu winnego)
- 1 łyżka oliwy z oliwek
- 1 szczypta cukru
- Sól
- Pieprz (świeżo zmielony)

przygotowanie

1. Do sałatki z tuńczyka z fasolą posiekaj sałatę lodową, wymieszaj z octem, solą, pieprzem, szczyptą cukru i oliwą. Ułożyć na talerzach, ułożyć tuńczyka na środku, udekorować brzegi cienkimi plasterkamipaprykę, pokrój

pomidory na ćwiartki i ułóż na wierzchu tuńczyka. Całość posyp pieprzem.

15. Tosty do pizzy

Składniki

- 1/4 laski salami
- 1 opakowanie sera do pizzy
- 1 puszka (puszki) tuńczyka
- sos do pizzy
- 1/2 puszki (p) kukurydzy
- toast

przygotowanie

1. Salami pokrój na małe kawałki.

2. Następnie wymieszaj wszystkie składniki i dopraw do pizzy.
3. Piekarnik nagrzać do ok. 2 godz. 200°C.
4. Ułóż tosty na blasze do pieczenia i rozprowadź dobrze wymieszane składniki na chlebie.
5. Włóż ją do piekarnika, a gdy ser się rozpuści, a chleb lekko się zarumieni, możesz cieszyć się grzankami z pizzy!

16. Śniadanie z pstrągiem łososiowym i daniem jajecznym

Składniki

- 2 kromki chleba żytniego (lub razowego tostu)
- 2 jajka ekologiczne (rozmiar M)
- 2 łyżki serka śmietankowego (naturalny)
- 4 plasterki pstrąga łososiowego (marynowane)
- trochę masła
- Sól
- Pieprz (świeżo zmielony)
- Kiełki (do dekoracji)

przygotowanie

1. Na śniadanie z pstrągiem łososiowym i daniem jajecznym najpierw opiekaj chleb. Lekko ubić jajka i na odrobinie spienionego

masła przygotować danie z jajek, doprawić solą i pieprzem.

2. Chleb posmarować twarogiem, na wierzchu posmarować naczynie z jajek i przykryć marynowanym pstrągiem łososiowym. Śniadanie z pstrąga łososiowego i jajecznicy z dodatkami z kiełków.

17. Makaron ogórkowy z sosem char

Składniki

- 100 g jogurtu (ewentualnie jogurt sojowy)
- 35 g papryki (czerwonej)
- 1 ząbek (ząbki) czosnku
- 130 g golca potokowego (wędzonego)
- 250 g ogórka
- 1 łyżka koperku (posiekanego)

przygotowanie

1. W przypadku makaronu ogórkowego z sosem zwęglonym pokrój paprykę w drobną kostkę, drobno posiekaj ząbek czosnku, a zwęglony strumyk pokrój na małe kawałki.
2. Wymieszaj jogurt z pokrojoną w kostkę papryką, czosnkiem i pstrągiem potokowym i dopraw solą. Ogórka pokroić w kształt makaronu za pomocą krajalnicy spiralnej, wymieszać z sosem zwęglonym i podawać posypane koperkiem.

18. Roladki z łososiem

Składniki

- 2 naleśniki
- 150 g wędzonego łososia
- 150 g serka śmietankowego (naturalny)
- 1 łyżka chrzanu (świeżo podartego)
- 1 łyżeczka soku z cytryny

przygotowanie

1. Najpierw wymieszaj serek śmietankowy z tartym chrzanem i sokiem z cytryny i posmaruj naleśniki.
2. Wędzonego łososia układamy na naleśnikach posmarowanych serkiem śmietankowym i zawijamy.
3. Pokroić na kawałki ok. 3 cm grubości i podawaj.

19. Łosoś o smaku karaibskim

Składniki

- 400 g łososia
- 2 łyżki przyprawy do szarlotki
- 2 łyżki margaryny (do smażenia)

przygotowanie

1. W przypadku łososia karaibskiego wyczyść łososia (usuń wszelkie pozostałości łusek), umyj i osusz papierem kuchennym.
2. Natrzyj obie strony przyprawą Jerk Spice. Rozgrzej tłuszcz na patelni i usmaż łososia z obu stron na średnim ogniu.

20. Sałatka z tuńczyka i sera

Składniki

- 3 garście sałaty (według uznania)
- 150 g twarogu
- 1 puszka (puszki) tuńczyka
- 10 pomidorów (małych lub koktajlowych)
- 30 g sera pleśniowego
- Oliwa z oliwek
- Krem balsamiczny
- Sól
- pieprz

przygotowanie

1. W przypadku sałatki z tuńczykiem i serem umyj i osusz sałatę i pomidory. Sałatę podzielić na kawałki wielkości kęsa, pomidory przekroić na pół lub ćwiartki (w zależności od wielkości), ser pleśniowy pokroić na kawałki wielkości kęsa.

2. Wszystkie składniki wymieszać lub ułożyć pojedynczo na talerzach, marynować oliwą i kremem balsamicznym i doprawić solą i pieprzem.

21. Krewetki andaluzyjskie

Składniki

- 150-200 g krewetek (bez skorupy)
- 2 pomidory
- 1/2 cebuli
- 6 szt. Oliwki (bez pestek)
- 1 łyżka natki pietruszki (posiekana)
- Sól
- pieprz
- Wino białe (do nalewania)
- Oliwa z oliwek (na pocenie)

przygotowanie

1. W przypadku krewetek andaluzyjskich pokrój pomidory i cebulę w drobną kostkę. Podsmażyć oba na oliwie, dodać oliwki i

posiekaną pietruszkę oraz doprawić solą i pieprzem.

2. Włóż krewetki i odstaw na 3 minuty.
3. Opłucz białym winem, pozwól mu się przez chwilę zagrzać i podawaj krewetki andaluzyjskie.

22. Jajecznica z truflami

Składniki

- 100 g krewetek (obranych i ugotowanych)
- 3 żółtka
- 125 ml mleka
- 125 ml bitej śmietany
- Sól morska (z młyna)
- Papryka (biała, z młyna)
- 1 łyżka oliwy truflowej

Przygotowanie

1. W misce ze stali nierdzewnej ubij mleko, śmietanę, żółtko i olej truflowy, cały czas mieszając gorącą parą, aż jajko zacznie zamarzać.
2. Z grubsza posiekaj krewetki i wymieszaj z truflami.
3. Dopraw skorupkę jajka truflowego świeżo zmieloną solą i pieprzem.

23. Zimna zupa ogórkowa z rakami

Składniki

- 2 ogórki (średnie)
- 500 ml kwaśnej śmietany (jogurt lub maślanka)
- Sól
- Papryka (biała, z młyna)
- Koperek
- trochę czosnku
- 12 ogonków rakowych (do 16, swobodnie, uniesionych)
- Kostki ogórka
- Kostki pomidorowe
- gałązki kopru

przygotowanie

1. Na zimną zupę ogórkową z rakami ugotuj kraby i uwolnij ogony. Ogórek obrać, wydrążyć i wymieszać ze śmietaną (jogurtową lub maślanką). Dopraw solą,

pieprzem, koperkiem i odrobiną czosnku. Ułożyć na schłodzonych talerzach, ułożyć kostkę ogórka i pomidora oraz ogonki krabowe i udekorować koperkiem.

24. Danie z jajkiem truflowym

Składniki

- 100 g krewetek (obranych i ugotowanych)
- 3 żółtka
- 125 ml mleka
- 125 ml bitej śmietany
- Sól morska (z młyna)
- Papryka (biała, z młyna)
- łyżka oleju truflowego

przygotowanie

1. Mleko, śmietanę, żółtko i olej truflowy ubijaj w naczyniach ze stali nierdzewnej, cały czas mieszając na gorącej parze, aż jajko zacznie twardnieć.
2. Krewetki z grubsza posiekać i dodać do jajka truflowego.
3. Naczynie na jajka truflowe doprawić świeżo zmieloną solą i pieprzem.

25. Krewetki z czosnkiem

Składniki

- 500 g krewetek (małe, krewetki)
- papryczka chili (czerwona)
- 5 ząbków czosnku
- łyżka pietruszki (drobno posiekanej)
- 1 liść laurowy
- Oliwa z oliwek
- Sól morska (z młyna)
- Pieprz (z młyna)

przygotowanie

1. Wyjmij krewetki ze skorupki i wyjmij jelita. Papryczkę chilli wydrążamy, a czosnek drobno pokroić w cienkie półpierścienie. Na patelni rozgrzać oliwę z oliwek i smażyć krewetki z chilli, czosnkiem i liściem laurowym przez 2 minuty na stosunkowo dużym ogniu, cały czas mieszając. Przed podaniem dopraw solą i pieprzem oraz posyp posiekaną natką pietruszki.

26. Raki w naparze

Składniki

- 3 kg raków (świeżo złowionych i żywych)

- 15 litrów słonej wody
- cebula
- Zioła ogrodowe (świeże)
- Sól
- pieprz
- Liść laurowy
- 1 por
- Kminek (świeży)

przygotowanie

1. Świeżo złowione raki gotujemy we wrzącej osolonej wodzie z warzywami i ziołami przez około 2 - 4 minuty i jednocześnie gotujemy na wolnym ogniu. Wszystkie składniki są gotowane w naparze i można je później zjeść w celu detoksykacji.

27. Ekologiczne krewetki na warzywach z woka

Składniki

- 10 sztuk organicznych krewetek Yuu n 'Mee Black Tiger (lub ręcznie selekcjonowanych krewetek)
- 60 g bakłażana
- 60 g kukurydzy
- 40 g pomidorków koktajlowych
- 40 g groszku cukrowego
- 40 g kapusty pekińskiej
- 40 g bazylii (świeżej)
- 20 g sosu ostrygowego
- 10 g chili (zielone)
- 2 łyżki sosu sojowego
- 2 kawałki limonek (sok z limonek)
- 20 g cebuli (zielonej)
- 4 łyżki oleju słonecznikowego

przygotowanie

1. W przypadku organicznych krewetek na warzywach z woka delikatnie podgrzej w woku olej słonecznikowy, podsmaż w nim warzywa, dopraw sosem ostrygowym, chilli, sokiem z limonki i sosem sojowym.
2. Dodaj krewetki, posyp bazylią i podawaj szybko.

28. Przegrzebki na szpikulcu

Składniki

- 16 przegrzebków
- 1/2 czerwonej papryki
- trochę soku z limonki
- trochę skórki nietraktowanej limonki
- szczypta curry
- Sól

przygotowanie

1. Na przegrzebki na szpikulcu wymieszać sok i skórkę z limonki, curry, sól i pieprz z oliwą z oliwek do marynaty. Przegrzebki włożyć do marynaty i pozostawić na godzinę do zaparzenia.
2. W międzyczasie usuń skórkę, pestki i łodygę z papryki i pokrój w kostkę.
3. Na drewniane szpikulce na przemian układać przegrzebki i kawałki pieprzu. Umieść na

gorącym grillu i grilluj z każdej strony przez około 6 minut.

29. Ceviche z ekologicznej krewetki i awokado

Składniki

- 20 ekologicznych krewetek Yuu´n Mee
- 4 awokado
- 2 limonki
- papryczki chilli (małe)
- 1 szalotka
- Kolendra (świeża)
- czosnek
- Sól

przygotowanie

1. Na ceviche z ekologicznej krewetki i awokado wyciśnij limonki. Wymieszać sok z posiekaną papryczką chilli, drobno pokrojoną szalotkę, trochę czosnku i posiekaną kolendrę i dopraw solą.
2. Marynuj krewetki tą marynatą przez około ½ godziny.

3. Awokado obrać i wydrążyć, pokroić w ósemki i doprawić solą. Podawaj z krewetkami i skrop marynatą na ceviche.

30. Sushi z krewetkami

Składniki

- 250 g ryżu do sushi (patrz link w tekście)
- 200 g Ama Ebi (krewetki do sushi)
- Wasabi

przygotowanie

1. Do sushi z krewetkami najpierw przygotuj ryż według podstawowego przepisu.
2. Mokrymi rękami uformuj z ryżu kulki. Rozłóż cienką warstwę wasabi z jednej strony. Połóż krewetki na wierzchu. Krewetkowe sushi ułożyć w zagłębieniu dłoni, wycisnąć na gładko i uformować w owal.

31. Smażone krewetki

Składniki

- 8 szt. krewetki ((8/12) świeże z głową i skorupą)
- 2 ząbki czosnku (obrane ze skórki)
- 2 gałązki tymianku
- Oliwa z oliwek
- Sól
- Młynek do pieprzu)

przygotowanie

1. W przypadku klasycznych smażonych krewetek najpierw przygotuj krewetki. Aby to zrobić, ostrożnie natnij plecy ostrym nożem wzdłuż ciała.
2. Jelita są czarne i dobrze widoczne. Ostrożnie to wyciągnij. Podgrzej ciężką patelnię, dodaj oliwę, czosnek i tymianek.

3. Smaż krewetki na rozgrzanym oleju przez 6-8 minut, w zależności od ich wielkości. Dopraw solą i pieprzem i podawaj na gorąco.

32. Kalmary z ziemniakami

Składniki

- 10 kalmarów
- 8 ziemniaków
- Ząbki czosnku
- Sól
- olej
- masło
- pietruszka

przygotowanie

1. Najpierw obierz i pokrój ziemniaki na ćwiartki. Zagotuj wodę i gotuj ziemniaki przez 10 minut.
2. Następnie wrzucić na patelnię z roztopionym masłem i gałązką rozmarynu, doprawić solą i udekorować drobno posiekaną natką pietruszki.
3. Na innej patelni smażymy kalmary przez kilka minut z startym czosnkiem na oleju.
4. Kalmary podawaj z ziemniakami.

33. Ryba w sosie pomidorowym

Składniki

- 4 mrożone filety z białej ryby do wyboru
- 2 szklanki pomidorków koktajlowych przekrojonych na pół
- 2 drobno pokrojoneZąbki czosnku
- 120 ml jasnego bulionu z kurczaka
- 60 ml wytrawnego białego wina (lub użyj więcej bulionu z kurczaka)
- 1/2 łyżeczki soli
- 1/2 łyżeczki czarnego pieprzu
- 1/4 szklanki drobno posiekanych świeżych liści bazylii (do przybrania)

Przygotowanie

1. Włóż pomidory, czosnek, sól i pieprz na patelnię na średnim ogniu. Gotuj przez 5 minut lub do miękkości pomidorów.
2. Dodaj bulion z kurczaka, białe wino (jeśli jest używane), mrożone filety rybne i posiekaną bazylię. Przykryj i gotuj na wolnym ogniu 20-25 minut, aż ryba będzie w pełni ugotowana.
3. Na koniec posyp dodatkową garścią posiekanej bazylii i w razie potrzeby podawaj na ryżu, kuskusie lub komosie ryżowej.

34. Tuńczyk z owocową sałatką z ogórków

Składniki

- ok. 2 filety z tuńczyka 130 g każdy
- Sól
- papryka z młyna
- 2 łyżeczki oliwy z oliwek
- 200 g ogórka
- 150 g kapusty pekińskiej
- 4 łyżki soku z limonki
- 4 łyżki sosu chili z kurczaka
- 4 łyżki soku pomarańczowego
- 4 łyżki krążków cebuli dymki

Etapy przygotowania

1. Posolić i popieprzyć filety z tuńczyka. Oliwa z oliwek w panierce
2. Podgrzej patelnię, smaż na niej filety rybne przez ok. 3 godz. 2 - 3 minuty z każdej

strony. Ogórka umyć ze skórką i pokroić w cienkie plasterki lub plasterki.

3. Umyj i oczyść kapustę pekińską i pokrój w cienkie paski.
4. Wymieszać ogórek, kapustę pekińską, sok z limonki, sos z kurczaka chilli, sok pomarańczowy i krążki dymki i doprawić solą. Na sałatce ułożyć filety z tuńczyka i podawać.

35. Szybki burger rybny

Składniki

- 2 paszteciki rybne
- trochę masła
- 2 plasterki sera
- 2 arkusze sałaty Güner
- 4 plastry pomidora
- 2 bułki do burgerów
- sos tatarski
- Keczup
- Krążki cebulowe

przygotowanie

1. Aby zrobić szybki burger rybny, usmaż paszteciki rybne na patelni - pod koniec pieczenia rozpuść plaster sera na każdym z kotletów rybnych.

2. Posmaruj bułeczki burgerowe sosem tatarskim i ułóż na wierzchu sałatę, plastry pomidora i krążki cebuli.
3. Na każdą bułkę burgera (z tatarem/sałatą/pomidorem/sosem cebulowym) położyć bochenek rybny (z serem) i posypać ketchupem.
4. Dokończ pokrywką bułki do burgera.

36. Pasta rybna w domku

Składniki

- 250 g twarogu
- 1/2 pęczka szczypiorku
- 1 puszka (puszki) tuńczyka (naturalny)
- Sól
- pieprz
- 1 porcja soku z cytryny

przygotowanie

1. Do pasty rybnej umyć i drobno posiekać szczypiorek. Pokrój tuńczyka. Twarożek wymieszać ze szczypiorkiem, tuńczykiem i sokiem z cytryny.
2. Dopraw solą i pieprzem.

37. Majonez z bazylią

Składniki

- Majonez (kupiony gotowy lub domowy)
- pęczek bazylii

przygotowanie

1. Ten superszybki majonez bazyliowy jest doskonałym dodatkiem do potraw z grilla, ryb z frytkami lub domowych paluszków rybnych.
2. Oczywiście działa to tak szybko tylko wtedy, gdy używasz gotowego majonezu. Jeśli wolisz robić własne, oto przepis na domowy majonez.
3. Umyj bazylię, a następnie wytrzyj do sucha.
4. Usuń grube łodygi. Zmiksuj bazylię w blenderze.

38. Majonez z bazylią

Składniki

- Majonez (kupiony gotowy lub domowy)
- 1 pęczek bazylii

przygotowanie

1. Ten superszybki majonez bazyliowy jest doskonałym dodatkiem do potraw z grilla, ryb z frytkami lub domowych paluszków rybnych.
2. Oczywiście działa to tak szybko tylko wtedy, gdy używasz gotowego majonezu. Jeśli wolisz robić własne, oto przepis na domowy majonez.
3. Umyj bazylię, a następnie wytrzyj do sucha.
4. Usuń grube łodygi. Zmiksuj bazylię w blenderze.

39. Ekologiczne krewetki na warzywach z woka

Składniki

- 10 sztuk organicznych krewetek Yuu n 'Mee Black Tiger
- 60 g bakłażana
- 60 g kukurydzy
- 40 g pomidorków koktajlowych
- 40 g groszku cukrowego
- 40 g kapusty pekińskiej
- 40 g bazylii (świeżej)
- 20 g sosu ostrygowego
- 10 g chili (zielone)
- 2 łyżki sosu sojowego
- 2 kawałki limonek (sok z limonek)
- 20 g cebuli (zielonej)
- 4 łyżki oleju słonecznikowego

przygotowanie

1. W przypadku organicznych krewetek na warzywach z woka delikatnie podgrzej w

woku olej słonecznikowy, podsmaż w nim warzywa, dopraw sosem ostrygowym, chilli, sokiem z limonki i sosem sojowym.

2. Dodaj krewetki, posyp bazylią i podawaj szybko.

40. Smażone krewetki

Składniki

- 8 szt. krewetki ((8/12) świeże z głową i skorupą)
- 2 ząbki czosnku (obrane ze skóry)
- 2 gałązki tymianku
- Oliwa z oliwek
- Sól
- Młynek do pieprzu)

przygotowanie

1. Do klasycznych smażonych krewetek najpierw przygotuj krewetki. Aby to zrobić, ostrożnie natnij plecy ostrym nożem wzdłuż ciała.
2. Jelita są czarne i dobrze widoczne. Ostrożnie to wyciągnij. Podgrzej ciężką patelnię, dodaj oliwę, czosnek i tymianek.

3. Smaż krewetki na rozgrzanym oleju przez 6-8 minut, w zależności od ich wielkości. Dopraw solą i pieprzem i podawaj na gorąco.

41. Makaron z łososiem

Składniki

- 250 g spaghetti
- 250 ml bitej śmietany
- 250 ml wody
- Sól
- Przyprawy
- Koperek
- 1 kostka ziela
- 150 g filetów rybnych (łosoś wędzony)

przygotowanie

1. W zamkniętej misce rozłożyć makaron, posypać bitą śmietaną i wodą. Dopraw solą, odrobiną pieprzu i drobno posiekanym koperkiem.

42. Tost z wędzonego pstrąga

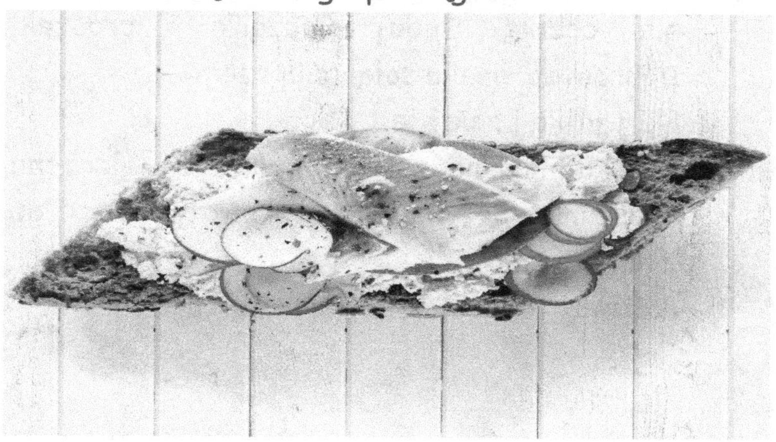

Składniki

- cebula
- 4 wędzone filety z pstrąga
- Olej roślinny
- 1/2 puszki (p) grzybów
- 150 g groszku (mrożonego, rozmrożonego)
- 4 jajka
- 4 kromki tostów
- Sól
- Pieprz (z młyna)

przygotowanie

1. W przypadku tostów z wędzonego pstrąga najpierw obierz i drobno posiekaj cebulę. Wędzonego pstrąga pokrój na małe kawałki lub rozerwij.

2. Rozgrzej trochę oleju na patelni i podsmaż w nim cebulę. Dodaj pieczarki i groszek. Dopraw do smaku solą i pieprzem.
3. Ubij jajka i zalej je.
4. Opiekaj kromki tostów i połóż na wierzchu mieszankę grzybowo-groszkowo-jajową. Top z pstrągiem.
5. Podawaj tosty z wędzonego pstrąga.

43. Tatar z Wędzonego Łososia

Składniki

- 1/4 ogórka
- 200 g wędzonego łososia
- 1/2 pęczka koperku
- 1 łyżeczka kaparów
- 1 łyżka soku z cytryny
- 1 łyżka oliwy z oliwek
- Sól pieprz

przygotowanie

1. W przypadku tatara z wędzonego łososia obierz ogórek, pokrój wzdłuż na pół i rdzeń.
2. Miąższ pokroić w bardzo drobną kostkę.
3. Łososia wędzonego drobno posiekać, koperek i kapary drobno posiekać.

4. Wymieszaj kostki ogórka, łososia, koperek i kapary, wymieszaj sok z cytryny i oliwę z oliwek i dopraw tatara solą i pieprzem.

44. Holenderska sałatka śledziowa

Składniki

- 400 g śledzi
- 400 g Gouda
- 100 g cebuli perłowej
- 3 kawałki pikli
- 250 g kwaśnej śmietany
- 3 łyżki majonezu
- Sól
- pieprz
- cukier
- szczypiorek

przygotowanie

1. Filety śledziowe odkostnić i wysuszyć.
2. Pokrój ser Gouda, śledzie, ogórki kiszone i jajka na kawałki wielkości kęsa i wymieszaj w misce.
3. Ubij majonez ze śmietaną, cukrem, pieprzem i solą. Szczypiorek drobno posiekać i dodać

do sosu. Na koniec wymieszaj śledzie, cebulę perłową i ser.

45. Niewłaściwa pasta z łososia

Składniki

- 250 g twarogu (chudy)
- 4 łyżeczki mleka
- 2 szklanki substytutu łososia (po 80 g)
- Sól
- 100 ml bitej śmietany

przygotowanie

1. W misce z mikserem wymieszaj twaróg, mleko i substytut łososia.
2. Dopraw do smaku solą.

3. Na koniec ubić bitą śmietanę na sztywną pianę i zawinąć.

46. Ekologiczne krewetki na warzywach z woka

Składniki

- 10 sztuk organicznych krewetek Yuu n 'Mee Black Tiger (lub ręcznie selekcjonowanych krewetek)
- 60 g bakłażana
- 60 g kukurydzy
- 40 g pomidorków koktajlowych
- 40 g groszku cukrowego
- 40 g kapusty pekińskiej
- 40 g bazylii (świeżej)
- 20 g sosu ostrygowego
- 10 g chili (zielone)

- 2 łyżki sosu sojowego
- 2 kawałki limonek (sok z limonek)
- 20 g cebuli (zielonej)
- 4 łyżki oleju słonecznikowego

przygotowanie

1. W przypadku organicznych krewetek na warzywach z woka delikatnie podgrzej w woku olej słonecznikowy, podsmaż w nim warzywa, dopraw sosem ostrygowym, chilli, sokiem z limonki i sosem sojowym.
2. Dodaj krewetki, posyp bazylią i podawaj szybko.

47. Makaron z tuńczykiem

Składniki

- 1 puszka (puszki) tuńczyka (naturalny)
- 7 kaparów
- 1/2 szklanki pomidorów (suszone, w oleju; ewentualnie świeże pomidory)
- 7 oliwek
- 1/2 cebuli
- olej chili
- olej czosnkowy
- 250 g spaghetti

przygotowanie

1. Cebulę pokroić w drobną kostkę. Suszone pomidory pokroić w kostkę i odsączyć tuńczyka.
2. Ugotuj spaghetti zgodnie z instrukcją na opakowaniu.

3. Na patelnię wrzuć chili i oliwę czosnkową i podsmaż cebulę. Dodaj pomidory, kapary, oliwki i tuńczyka. Gotuj przez chwilę, dodaj trochę wody z makaronem i dodaj sok z cytryny.
4. Ugotowany makaron ułożyć z sosem i podawać.

48. pasta z tuńczyka

Składniki

- 1 puszka (puszki) tuńczyka (we własnym soku, odsączone)
- 130 g kwaśnej śmietany
- 1 łyżka majonezu
- 1 łyżka kaparów
- 1 kropla soku z cytryny
- Sól
- Pieprz (z młyna)

przygotowanie

1. Aby przygotować pastę z tuńczyka, najpierw odsącz kapary i drobno je posiekaj.
2. Dobrze wymieszaj wszystkie składniki, aby uzyskać gładką pastę z tuńczyka.

49. Knedle z cytryną Filadelfia

Składniki

- 175 g Filadelfia podwójna śmietanka naturalna
- 20 g mąki (przydatna)
- 1/2 cytryny
- 1 szt jajko
- 20 g masła (roztopionego)
- Trochę soli
- 1 łyżka białej bułki tartej (w porządku)

przygotowanie

1. Na knedle z cytryną Philadelphia, zetrzyj skórkę z połowy cytryny, a następnie wyciśnij pół cytryny.
2. Wymieszaj wszystkie składniki i pokrój knedle mokrą łyżką stołową.
3. Knedle wkładamy do wrzącej wody i odstawiamy na około 3 minuty.

50. Szybki burger rybny

Składniki

- 2 paszteciki rybne
- trochę masła
- 2 plasterki sera
- 2 arkusze sałaty Güner
- 4 plastry pomidora
- 2 bułki do burgerów
- sos tatarski
- Keczup
- Krążki cebulowe

przygotowanie

1. Aby zrobić szybki burger rybny, usmaż paszteciki rybne na patelni - pod koniec pieczenia rozpuść plaster sera na każdym z kotletów rybnych.

2. Posmaruj bułeczki burgerowe sosem tatarskim i ułóż na wierzchu sałatę, plastry pomidora i krążki cebuli.
3. Na każdą bułkę burgera (z tatarem/sałatą/pomidorem/sosem cebulowym) położyć bochenek rybny (z serem) i posypać ketchupem.
4. Dokończ pokrywką bułki do burgera.

51. Klopsik rybny

- czas gotowania 10 minut
- porcje 1
- kalorie 235

Składniki

- 100 g tuńczyka (puszka)
- 1 kawałek jajka (60 g)
- 1/2 łyżki mąki pszennej (pełnego ziarna)
- 1 szczypta soli jodowej
- 1 szczypta czarnego pieprzu

przygotowanie

1. Zmiel tuńczyka w misce.
2. Dodaj białko, mąkę, sól i pieprz i wszystko wymieszaj.
3. Uformuj klopsiki i smaż na złoty kolor z każdej strony.

52. Łosoś z sezamową skórką i brokułami

Składniki

- 600 g brokułów
- sól jodowana z fluorem
- 1 ząbek czosnku
- 15 g imbiru
- 480 g bardzo świeżego fileta z łososia (8 sztuk)
- pieprz
- 30 g sezamu
- 15 g oleju kokosowego (1 łyżka)
- 2 łyżki oleju sezamowego
- nić chili
- 50 ml bulionu warzywnego
- 2 łyżki soku z limonki
- 1 limonka

Etapy przygotowania

1. Brokuły umyć, umyć i pokroić na małe pęczki. Gotować we wrzącej wodzie z solą przez 4 minuty, odcedzić, wypłukać i dobrze odcedzić. W międzyczasie obierz czosnek i posiekaj. Obierz imbir i drobno zetrzyj. Łososia opłukać zimną wodą, zetrzeć wodę, doprawić solą i pieprzem, posypać sezamem.
2. Na patelni rozgrzać olej kokosowy i na średnim ogniu upiec skórkę łososia na złoty kolor. Następnie odwróć drugą stronę na złoty kolor i usmaż. Ułożyć na talerzu lub blasze do pieczenia nadającej się do piekarnika i namoczyć w piekarniku nagrzanym do 100°C na około 10 minut (nie zaleca się konwekcji; gaz: minimalne ustawienie) (wnętrze powinno być nadal szkliste).
3. W międzyczasie rozgrzej olej sezamowy na patelni i usmaż czosnek i imbir. Dodać brokuły i nitki chili, wymieszać, doprawić wywarem, doprawić solą, pieprzem i sokiem z limonki. Opłucz limonkę wrzątkiem, lekko postukaj, aby ją osuszyć i pokrój na kształt grzebienia. Podziel 2 plastry warzyw z łososia i brokułów na 4 półmiski i udekoruj grzebieniami z limonki.

53. Makaron z Łososiem i Szpinakiem

Składniki

- 500 g makaronu pełnoziarnistego (np. penne)
- Sól
- 1 ząbek czosnku
- 1 czerwona cebula
- 1 organiczna cytryna
- 2 łyżki oliwy z oliwek
- 300 ml bulionu warzywnego
- 3 łyżki serka śmietankowego
- 250 g fileta z łososia
- 80 g szpinaku
- Pieprz

Etapy przygotowania

1. Makaron ugotuj w dużej ilości wrzącej, osolonej wody zgodnie z instrukcją na opakowaniu. Następnie odcedź.
2. W międzyczasie obierz czosnek i cebulę i pokrój w drobną kostkę. Cytrynę opłukać gorącą wodą, osuszyć i natrzeć skórkę.
3. Rozgrzej olej na patelni, usmaż czosnek i cebulę na średnim ogniu, aż będzie przezroczysta. Dodaj skórkę z cytryny i wlej bulion warzywny. Dodać serek śmietankowy i raz zagotować. Następnie zmniejsz ogień.
4. Filet z łososia pokroić na kawałki wielkości kęsa, dodać do sosu i gotować około 5 minut.
5. Umyj szpinak i odwiruj. Dodaj do łososia z makaronem, dopraw pieprzem i dobrze wymieszaj. Rozłóż makaron z łososia ze szpinakiem na czterech talerzach i podawaj.

54. Kokosowe curry z łososiem i batatami

Składniki

- 150 g pełnoziarnistego ryżu basmati
- Sól
- 1 cebula
- 3 ząbki czosnku
- 1 czerwona papryczka chili
- 20 g imbiru (1 sztuka)
- 600 g batatów (2 bataty)
- 200 g selera (3 paluszki)
- 20 g kolendry (1 pęczek)
- 400 g fileta z łososia
- 1 łyżeczka oleju sezamowego
- 1 łyżeczka kminku
- 1 łyżeczka kolendry

- $\frac{1}{2}$ łyżeczki kurkumy w proszku
- 150 ml mleka kokosowego (9% tłuszczu)
- 300 ml bulionu warzywnego
- 2 łyżki sosu rybnego

Etapy przygotowania

1. Ryż gotujemy w 2,5-krotnej ilości wrzącej osolonej wody zgodnie z instrukcją na opakowaniu przez około 35 minut.
2. W międzyczasie obierz cebulę i czosnek i pokrój w drobną kostkę. Chili przekroić na pół, wydrążyć, umyć i posiekać. Obierz imbir i drobno posiekaj. Bataty obrać i pokroić w kostkę. Oczyścić seler, w razie potrzeby usunąć nitki, umyć i pokroić na małe kawałki. Kolendrę umyć, osuszyć i zerwać liście. Filet z łososia opłukać, osuszyć i grubo pokroić w kostkę.
3. Rozgrzej olej w garnku. Podsmaż cebulę, czosnek, imbir i chilli na średnim ogniu przez 2-3 minuty. Dodaj przyprawy i podsmaż je. Zdeglasować mlekiem kokosowym i bulionem i doprowadzić do wrzenia.
4. Dodaj kostki selera i batata i gotuj na małym ogniu przez 10 minut. Dodaj łososia i gotuj przez kolejne 4-5 minut. Dopraw kokosowe

curry sosem rybnym i podawaj z ryżem i kolendrą.

55. Szaszłyki z ryb i cukinii

Składniki

- 300 g filetu z łososia gotowego do ugotowania, bez skóry
- 300 g filetu z dorsza gotowego do ugotowania, bez skóry
- 1 łyżka soku z cytryny
- 2 cukinie
- 150 g ananasa
- papryka z młyna
- sól morska

Etapy przygotowania

1. Filety rybne umyć, osuszyć, pokroić w kostkę wielkości kęsa i wymieszać z sokiem z cytryny. Umyj i oczyść cukinię i ćwiartkę wzdłuż oraz 2/3 cukinii na kawałki o

szerokości 1,5 cm, a resztę pokrój na wąskie plastry. Pokrój ananasa na kawałki wielkości kęsa.

2. Na drewniane szpikulce nałożyć cukinię z rybą i opcjonalnie ananasa. Zacznij od grubego kawałka cukinii lub kawałka ananasa, potem kostki łososia, potem cienkiego plasterka cukinii, kawałka dorsza i na końcu kolejnego grubego kawałka cukinii. Szaszłyki grillować na gorącym grillu na złoty kolor, od czasu do czasu obracając, układać w misce lub patelni i podawać posypane pieprzem i solą morską.

56. Crostini z sałatką rakową

Składniki

- 12 kromek bagietki pełnoziarnistej
- 2 dymki
- 2 łyżki sera creme fraiche
- 2 łyżki kwaśnej śmietany
- 1 łyżeczka musztardy
- 350 g mięsa rakowego
- 2 łyżki świeżo posiekanego koperku
- sok cytrynowy
- Sól
- pieprz
- koperkowe wskazówki do dekoracji

Etapy przygotowania

1. Połóż kromki chleba na ruszcie i podpiecz je w nagrzanym piekarniku z funkcją grilla z

obu stron, aż będą chrupiące i złocistobrązowe.

2. Wyjmij z piekarnika i trochę ostudź. Umyj i oczyść dymkę i pokrój w krążki. Wymieszaj z crème fraîche, śmietaną i musztardą, dodaj raki i koperek. Sałatkę rakową dopraw sokiem z cytryny, solą i pieprzem i posmaruj kromkami chleba.
3. Podawaj crostini z sałatką rakową przybraną koperkiem.

57. paluszki rybne

Składniki

- 4 filety rybne zb mintaj, panga
- 2 łyżki soku z cytryny
- Sól
- pieprz
- 2 łyżki mąki do toczenia
- 2 jajka
- 4 łyżki bułki tartej
- 1 łyżka płatków kukurydzianych do woli
- 2 łyżki masła klarowanego do smażenia

Etapy przygotowania

1. Rozmrozić filety rybne lub odtrzeć świeże i podzielić na trzy do czterech równych

kawałków. Skrop rybę sokiem z cytryny i pozwól jej trochę się zaparzyć.

2. W międzyczasie umieść na talerzach mąkę, jajka i bułkę tartą. Dobrze ubij jajka widelcem. Płatki kukurydziane pokruszyć według uznania i wymieszać z bułką tartą.
3. Na patelni rozgrzać masło klarowane.
4. Kawałki ryby doprawić solą i pieprzem, lekko obtoczyć w mące, zanurzyć w jajku i panierować w panierce. Kawałki ryby pieczemy ze wszystkich stron przez ok. 2 godz. 7 minut, aż się zarumienią i podawaj na gorąco.

58. Lekki i łatwy łosoś

SKŁADNIKI

- .4 steki z łososia.
- 2 łyżki musztardy.
- 2 łyżki stołowe soku z cytryny
- pietruszka.
- Sól.
- pieprz

PRZYGOTOWANIE

1. Rozgrzej piekarnik do 200°C.
2. Ułóż steki z łososia w nieprzywierającym naczyniu żaroodpornym.
3. W misce wymieszać musztardę i sok z cytryny.

4. Tym preparatem posyp steki.
5. Sól i pieprz (chyba, że używasz mocnej musztardy!)
6. Posiekaj trochę pietruszki i połóż ją na rybie.
7. Piecz lekkie i łatwe steki z łososia przez 20 minut w gorącym piekarniku.

59. Sałatka Z Mątwy W Słodko-Kwaśnym Sosie

SKŁADNIKI

- 550 g świeżej mątwy
- 30 g rodzynek
- 20 g orzeszków piniowych
- 80 g oleju
- 60 g octu z winogron różanych
- Sól dla smaku
- Pietruszka w liściach
- 1 głowa radicchio

PRZYGOTOWANIE

Mątwę myjemy i blanszujemy w wodzie, płetwy i splot trwają dłużej. Schłodzić i pokroić w paski Julienne.

Radicchio oczyścić i cienko pokroić.

W stalowej misce wymieszaj mątwę, radicchio, rodzynki, orzeszki pinii, ocet, olej, sól i łyżeczkę cukru.

Pozostaw do zamarynowania i doprawienia. Podawaj w liściu radicchio. Udekoruj natką pietruszki.

60. Carpaccio Coronello i suszone pomidory czereśniowe

SKŁADNIKI:

- Coronello (filet ze sztokfisza) 500gr.
- Suszone pomidorki koktajlowe
- Czarne oliwki
- Oliwa z oliwek z pierwszego tłoczenia
- biały pieprz
- Kapary "lacrimelle"
- Granat lub poziomki (w zależności od pory roku)

PRZYGOTOWANIE

1. Głównym składnikiem tego dania, ale jak wszystkie potrawy, oprócz świeżości każdego składnika, jest wysoka jakość sztokfisza i odpowiednie solenie, w przeciwnym razie ryzykujesz zakłócenie prostoty samego dania.
2. Coronello jest obrane, a naczynie zamontowane tak, jakby skrzela składały się z wielu płatków. Jest to rodzaj tapenady z oliwek i pomidorków koktajlowych, która harmonijnie opiera się na płatkach coronello wraz z odsolonymi kaparami.
3. Całość udekoruj ziarnami granatu lub marynowanymi truskawkami.

61. Rolada z flagą z wędzoną provolą

SKŁADNIK

- 2 kg flagi rybnej
- 150g sera wędzonego
- chleb starty
- Oliwa z oliwek z pierwszego tłoczenia
- sól, kapary, czosnek i pietruszka
- Filet z ryby flagowej, z każdej z 30 cm filetów.

PRZYGOTOWANIE

1. Skomponować farsz z wędzonego orzecha provola, startego chleba, kaparów i mielonego czosnku, zawinąć na sobie filety, obtoczyć w bułce tartej. Pieczemy w temperaturze 180° przez około 5-7 minut.

2. Filety skropić oliwą extra virgin i udekorować natką pietruszki.

62. Wermiszel z Atramentem Mątwy

SKŁADNIK

- 320 gramów makaronu, makaronu lub spaghetti, a nawet spaghettoni
- 3 bardzo świeże kieszenie na atrament kałamarnicy
- 250 gr. mątwy
- 1 ząbek czosnku
- Bardzo świeża cytryna
- Oliwa z oliwek z pierwszego tłoczenia
- Świeże liście mięty

PRZYGOTOWANIE

1. Dobrze wyczyść mątwy, obierz je i ostrożnie zbierz czarne worki i odłóż je na bok. Zrumienić na dużej patelni 8 łyżek oliwy z

oliwek extra virgin z całym czosnkiem i dopiero co zmiażdżonymi, wlać dobrze wysuszoną mątwę pokrojoną na małe kawałki i smażyć przez 2 minuty.

2. W tym samym czasie ugotuj makaron lub spaghetti, a nawet spaghetti w dużej ilości osolonej wody.
3. W misce wymieszaj czarny makaron z mątwy w niewielkiej ilości wody do gotowania i wlej go na patelnię z sosem z mątwy, dobrze mieszając.
4. Odcedź makaron al dente kilka minut wcześniej i zakończ gotowanie, podsmażając go na patelni z dressingiem z mątwy i czarną, po 2 krople cytryny i w razie potrzeby dodaj wodę z gotowania makaronu.

63. Pieczony łosoś z koperkowym aioli

Składnik

- 4 filety z łososia ze skórą po ok. 170 g każdy
- łyżka (7,5 ml) oleju z awokado skórka z ½ dużej cytryny
- Sól koszerna
- Świeżo zmielony czarny pieprz

Alioli do upuszczenia

- ½ szklanki (120 ml) majonezu Primal Kitchen lub innego majonezu odpowiedniego do diety paleolitycznej
- 2 małe pokrojone ząbki czosnku
- 2 łyżeczki (15 ml) świeżo wyciśniętego soku z cytryny
- 1 łyżka (15 ml) posiekanego świeżego koperku
- łyżeczka (1 ml) soli koszernej

- łyżeczka (1 ml) świeżo zmielonej skórki z czarnego pieprzu z ½ dużej cytryny

Przygotowanie

1. Ten filet z łososia pieczony w niskiej temperaturze rozpływa się w ustach. Tak przygotowany łosoś jest dość różowy, więc nie przejmuj się, gdy wyjmiesz go z piekarnika i nadal wygląda na surowy. Wręcz przeciwnie, będzie to najlepiej zrobiona ryba, jaką kiedykolwiek jadłeś!
2. Piekarnik nagrzać do 135°C. Filety z łososia włożyć do żelaznego garnka lub naczynia do pieczenia. Wymieszaj olej z połową skórki z cytryny i pomaluj górę ryby. Sól i pieprz Piecz łososia od szesnastu do osiemnastu minut, aż będzie można go podzielić na małe kawałki widelcem.
3. Gdy łosoś jest w piekarniku, wymieszaj majonez z czosnkiem, skórką i sokiem z cytryny, koperkiem, solą i pieprzem.
4. Łososia podawać z sosem aioli.

64. Filet rybny gotowany na parze na warstwie warzyw

Składniki

- 1 szalotka
- ½ kopru bulwiastego
- 60 g małej marchewki (1 mała marchewka)
- 3 łyżki klasycznego bulionu warzywnego
- Sól
- pieprz
- 70 g filetu z pangi (najlepiej ekologiczna)
- 2 łodygi natki pietruszki
- ½ małej limonki

Etapy przygotowania

1. Szalotkę obrać i pokroić w drobną kostkę.

2. Oczyść i umyj koper włoski i marchewkę, marchewkę obierz cienko. Oba warzywa pokrój w wąskie słupki.
3. Podgrzej bulion na powlekanej patelni. Dodaj szalotkę, koper włoski i marchewkę i gotuj przez około 3 minuty. Dopraw do smaku solą i pieprzem.
4. Filet z ryby opłukać, osuszyć, lekko posolić i ułożyć na warzywach. Przykryj i gotuj na małym ogniu przez 8-10 minut.
5. W międzyczasie umyć pietruszkę, osuszyć, zerwać liście i drobno posiekać dużym nożem.
6. Wyciśnij pół limonki i skrop sokiem do smaku. Pieprz do smaku, posyp pietruszką i podawaj.

65. Szaszłyki rybne i warzywne

Składniki

- 250 g dojrzałego mango (1 małe mango)
- 1 limonka
- 150 g cukinii (1 mała cukinia)
- 4 pomidorki koktajlowe
- 200 g fileta z dorsza
- Sól
- ½ łyżeczki masła jogurtowego
- pieprz
- 1 łyżeczka jagód różowego pieprzu
- 100 g jogurtu (0,1% tłuszczu)

Etapy przygotowania

1. Obierz mango. Miąższ z kamienia pokroić w grube kliny i pokroić w kostkę.

2. Limonkę przekroić na pół i wycisnąć sok.
3. Cukinię umyj, oczyść i pokrój w kostkę. Umyj pomidory.
4. Filet z dorsza opłukać, osuszyć papierowym ręcznikiem i pokroić w kostkę tej samej wielkości. Sól.
5. Rozpuść masło w małej patelni. Dodaj 2 łyżki soku z limonki i trochę pieprzu i zdejmij z ognia.
6. Kostki rybne, mango, pomidory i cukinię nałożyć na drewniane szpikulce i posmarować masłem limonkowym.
7. Gotuj szaszłyki na patelni grillowej na średnim ogniu lub na gorącym grillu przez 8-10 minut. Obróć się raz.
8. W międzyczasie lekko zetrzyj jagody papryki grzbietem noża i wymieszaj z jogurtem w małej misce. Dopraw solą i pozostałym sokiem z limonki, podawaj z szaszłykami rybnymi i warzywnymi.

66. Marynowane małże z pieprzem i pietruszką

Składniki

- 1 kg świeżych lub mrożonych małży
- 1 duża cebula
- 2 ząbki czosnku
- 1 zielona papryka
- ½ natki pietruszki z płaskimi listkami
- ½ cytryny
- 2 łyżki oliwy z oliwek
- 275 ml wytrawnego białego wina lub wywaru rybnego
- Sól
- pieprz

Etapy przygotowania

1. Odgarnij małże i umieść w zimnej wodzie na 1 godzinę; zmień wodę raz. (Rozmrozić mrożone małże.)
2. W międzyczasie obierz cebulę i czosnek i pokrój w drobną kostkę. Paprykę przekroić wzdłuż na pół, wyjąć rdzeń, umyć i pokroić w drobne paski.
3. Pietruszkę umyć, osuszyć, zerwać liście i grubo posiekać. Wyciśnij cytrynę.
4. Odcedź małże w durszlaku. Posortuj otwarte małże.
5. Rozgrzej oliwę w dużym rondlu i podsmaż cebulę i czosnek, aż będą przezroczyste. Dodaj pieprz i krótko podsmaż.
6. Wlej białe wino i zagotuj.
7. Dodaj małże i gotuj pod przykryciem na dużym ogniu przez około 4 minuty, aż wszystkie małże się otworzą, kilkakrotnie potrząsając garnkiem.
8. Wyjmij małże z garnka łyżką cedzakową i połóż na półmisku. Posortuj małże, które się nie otworzyły.
9. Do wywaru dodać pietruszkę, doprawić solą, pieprzem i sokiem z cytryny.
10. Małże polać bulionem i podawać natychmiast lub schłodzone.

67. Sałatka ze szparagów i pomidorów

Składniki

- 1 cytryna
- 1 czerwona cebula
- 1 pęczek koperku
- 200 g pomidorków koktajlowych
- 150 g krewetek głębinowych (gotowych do przyrzązdzenia)
- 2 łyżki oliwy z oliwek
- 1 łyżeczka syropu z agawy lub miodu
- sól czarny pieprz
- 500 g białych szparagów

Etapy przygotowania

1. Wyciśnij cytrynę. Cebulę obrać i pokroić w drobne paski. Koperek umyć, osuszyć i posiekać. Pomidory umyć i przekroić na pół.

Sok z cytryny, cebulę, koperek i pomidory wlać do miski z krewetkami, oliwą i syropem z agawy. Sól, pieprz i dobrze wymieszaj.

2. Szparagi umyć i dokładnie obrać obieraczką. Odetnij zdrewniałe końce i pokrój patyki po przekątnej. Pozostaw końcówki szparagów w całości.
3. Doprowadź do wrzenia odpowiednio duży rondel z osoloną wodą i gotuj w nim szparagi przez 4-5 minut do uzyskania stanu al dente.
4. Odcedź szparagi na sicie i dobrze odcedź.
5. Jeszcze ciepłe dodać do pozostałych składników i dokładnie wymieszać. Odstaw na 3 minuty, ponownie dopraw solą i pieprzem i podawaj.

68. Szybka zupa rybna z warzywami

Składniki

- $\frac{1}{2}$ czerwonej papryki
- 50 g małej marchewki (1 mała marchewka)
- 1 szalotka
- 1 łyżeczka oleju rzepakowego
- Sól
- pieprz
- 300 ml wywaru rybnego (szkło)
- 100 g fileta z łupacza
- sos worcester do smaku
- 1 łodyga natki pietruszki

Etapy przygotowania

1. Wydrążyć, umyć i pokroić połówkę papryki w cienkie paski.

2. Umyć, oczyścić, obrać marchewkę, przekroić wzdłuż na pół i pokroić w cienkie plasterki. Szalotkę obrać i bardzo drobno pokroić w kostkę.
3. Rozgrzej olej w garnku. Podsmaż paprykę, marchewkę i szalotkę na średnim ogniu, mieszając przez 1 minutę. Lekko sól i pieprz.
4. Wlać wywar rybny, zagotować, przykryć i delikatnie gotować przez 5 minut.
5. W międzyczasie opłucz filet rybny zimną wodą, osusz papierem kuchennym i pokrój na kawałki wielkości kęsa. Dodaj do zupy i gotuj na wolnym ogniu przez około 5 minut.
6. W międzyczasie umyj pietruszkę, wytrzyj do sucha i zerwij liście.
7. Dopraw zupę sosem Worcestershire, solą i pieprzem. Do podania wymieszać z natką pietruszki.

69. Ryba w sosie pomidorowym

Składniki

- 4 mrożone filety z białej ryby do wyboru
- 2 szklanki pomidorków koktajlowych przekrojonych na pół
- 2 drobno pokrojoneZąbki czosnku
- 120 ml jasnego bulionu z kurczaka
- 60 ml wytrawnego białego wina (lub użyj więcej bulionu z kurczaka)
- 1/2 łyżeczki soli
- 1/2 łyżeczki czarnego pieprzu
- 1/4 szklanki drobno posiekanych świeżych liści bazylii (do przybrania)

Przygotowanie

4. Włóż pomidory, czosnek, sól i pieprz na patelnię na średnim ogniu. Gotuj przez 5 minut lub do miękkości pomidorów.

5. Dodaj bulion z kurczaka, białe wino (jeśli jest używane), mrożone filety rybne i posiekaną bazylię. Przykryj i gotuj na wolnym ogniu 20-25 minut, aż ryba będzie w pełni ugotowana.
6. Na koniec posyp dodatkową garścią posiekanej bazylii i w razie potrzeby podawaj na ryżu, kuskusie lub komosie ryżowej.

70. Tuńczyk z owocową sałatką z ogórków

Składniki

- ok. 2 filety z tuńczyka 130 g każdy
- Sól
- papryka z młyna
- 2 łyżeczki oliwy z oliwek
- 200 g ogórka
- 150 g kapusty pekińskiej
- 4 łyżki soku z limonki
- 4 łyżki sosu chili z kurczaka
- 4 łyżki soku pomarańczowego
- 4 łyżki krążków cebuli dymki

Etapy przygotowania

1. Posolić i popieprzyć filety z tuńczyka. Oliwa z oliwek w panierce
2. Podgrzej patelnię, smaż na niej filety rybne przez ok. 3 godz. 2 - 3 minuty z każdej

strony. Ogórka umyć ze skórką i pokroić w cienkie plasterki lub plasterki.

3. Umyj i oczyść kapustę pekińską i pokrój w cienkie paski.
4. Wymieszać ogórek, kapustę pekińską, sok z limonki, sos z kurczaka chilli, sok pomarańczowy i krążki dymki i doprawić solą. Na sałatce ułożyć filety z tuńczyka i podawać.

71. Szybki burger rybny

Składniki

- 2 paszteciki rybne
- trochę masła
- 2 plasterki sera
- 2 arkusze sałaty Güner
- 4 plastry pomidora
- 2 bułki do burgerów
- sos tatarski
- Keczup
- Krążki cebulowe

przygotowanie

5. Aby zrobić szybki burger rybny, usmaż paszteciki rybne na patelni - pod koniec pieczenia rozpuść plaster sera na każdym z kotletów rybnych.

6. Posmaruj bułeczki burgerowe sosem tatarskim i ułóż na wierzchu sałatę, plastry pomidora i krążki cebuli.
7. Na każdą bułkę burgera (z tatarem/sałatą/pomidorem/sosem cebulowym) położyć bochenek rybny (z serem) i posypać ketchupem.
8. Dokończ pokrywką bułki do burgera.

72. Pasta rybna w domku

Składniki

- 250 g twarogu
- 1/2 pęczka szczypiorku
- 1 puszka (puszki) tuńczyka (naturalny)
- Sól
- pieprz
- 1 porcja soku z cytryny

przygotowanie

1. Do pasty rybnej umyć i drobno posiekać szczypiorek. Pokrój tuńczyka. Twarożek wymieszać ze szczypiorkiem, tuńczykiem i sokiem z cytryny.
2. Dopraw solą i pieprzem.

73. Zimna zupa ogórkowa z rakami

Składniki

- 2 ogórki (średnie)
- 500 ml kwaśnej śmietany (jogurt lub maślanka)
- Sól
- Papryka (biała, z młyna)
- Koperek
- trochę czosnku

Za wpłatę:

- 12 ogonków rakowych (do 16, swobodnie, uniesionych)
- Kostki ogórka
- Kostki pomidorowe
- gałązki kopru

przygotowanie

2. Na zimną zupę ogórkową z rakami ugotuj kraby i uwolnij ogony. Ogórek obrać, wydrążyć i wymieszać ze śmietaną (jogurtową lub maślanką). Dopraw solą, pieprzem, koperkiem i odrobiną czosnku. Ułożyć na schłodzonych talerzach, ułożyć kostkę ogórka i pomidora, ogony krabowe i udekorować koperkiem.

74. Czysta zupa rybna z pokrojonymi w kostkę warzywami

Składniki

- 1 l wywaru rybnego (przezroczysty, mocny)
- 250 g kawałków filetu rybnego (do 300 g, mieszane, bez kości, pstrąga itp.)
- 250 g warzyw (gotowane, kalafior, por, marchew itp.)
- Sól
- trochę pieprzu
- Szafran
- trochę piołunu (ewentualnie suche)
- 1 gałązka (ki) koperku
- Trybula (lub bazylia do dekoracji)

przygotowanie

2. Gotowy wywar rybny dopraw solą, pieprzem i szafranem namoczonym w niewielkiej ilości wody i dopraw odrobiną piołunu. Ugotowane warzywa pokrój w drobną kostkę i gotuj razem z filetem rybnym przez około 4-5 minut. Szybko ułóż na gorących talerzach i udekoruj świeżymi ziołami.

75. Sardele z grilla

Składniki

- 1 kg sardeli
- trochę soli (gruba)
- trochę oliwy z oliwek
- 1 gałązka (y) rozmarynu

przygotowanie

1. W przypadku sardeli z grilla, najpierw oczyść je, usuń skrzela i odetnij główki.
2. Wykonaj nacięcie z boku wzdłuż kręgosłupa i dobrze osusz ręcznikiem papierowym. Posolić anchois tylko z zewnątrz grubą solą.
3. Dobrze rozgrzej grill i posmaruj trochę oliwą z oliwek. Smażyć anchois z obu stron przez 3 do 5 minut. Obróć rybę tylko raz. W

międzyczasie posmaruj gałązką rozmarynu zanurzoną w oliwie z oliwek.

4. Grilluj anchois, aż skórka będzie złotobrązowa i chrupiąca.
5. Grillowane anchois podawaj od razu.

76. Kiełbasa rybna

Składniki

- 500 g fileta z dzikiego łososia
- 500 g fileta z mintaja
- 1 łyżka morzaSól
- 1 łyżeczka pieprzu
- 1 porcja soku z cytryny
- 1 pęczek koperku
- 1 pęczek estragonu
- 1 pęczek pietruszki
- Jelita owcze (zamów u rzeźnika wymaganą ilość mięsa rybiego)

przygotowanie

1. W przypadku kiełbasy rybnej należy najpierw namoczyć jelito baranie w letniej wodzie (nie powyżej 40 stopni) przez około godzinę przed kiełbasą. Dzięki temu naturalna osłonka jest bardziej elastyczna i łatwiejsza w obróbce.)
2. Drobno posiekaj filet rybny nożem.
3. Drobno posiekać cebulę, pietruszkę, estragon i koperek i zagnieść do mieszanki rybnej razem z odrobiną soku z cytryny, solą morską i pieprzem. (Jeśli chcesz, możesz usmażyć część masy rybnej na patelni do przetestowania i w razie potrzeby dodać przyprawy.)
4. Następnie wypełniacz wypełnia się masą rybną i jelito baranie wciągane jest na szyjkę wypełniacza. Końcówka osłonki naturalnej jest zawiązana.
5. Ostrożnie i niezbyt ciasno napełnić mieszanką rybną jelito baranie i skręcić na żądaną długość kiełbasy.
6. Kiełbasy rybne można gotować na grillu na bezpośrednim średnim ogniu lub na kuchence na patelni.

77. Ryba na patyku

Składniki

- 8 siei (płoć, nasling, leszcz, brzana itp.)
- Sól
- 8 patyczków z drewna iglastego (długość ok. 50 cm)
- Węgiel drzewny (zielone drewno)
- Ziemniaki (do smaku)
- Folia aluminiowa

przygotowanie

1. Ryby na patyku są łatwe do przygotowania na grillu ogrodowym.
2. Ryby są najpierw wypatroszone, dobrze oczyszczone, w razie potrzeby oskalowane,

umyte i osuszone papierem kuchennym. Następnie przygniata się je bardzo ostrym nożem, przecinając je z obu stron w odstępach ok. 10 cm. 2 mm.

3. Ryby są dobrze solone wewnątrz i na zewnątrz, przy czym sól powinna działać przez około 1/2 do 1 godziny. Następnie przyklej je do drewnianych szaszłyków.
4. Następnie ryby są powoli smażone na węglu drzewnym wzbogaconym zielonym drewnem, aż staną się chrupiące i chrupiące. Zielone drewno, które tworzy dużo dymu, jest potrzebne, ponieważ ryba na patyku powinna być zarówno grillowana, jak i wędzona.
5. Smażyć ziemniaki zawinięte w folię aluminiową i podawać dobrze posolone z rybą na patyczkach.

78. Tuńczyk z miodem i sosem sojowym

Składniki

- 4 kawałki steków z tuńczyka
- 2 dymki (posiekane)
- 10 cm imbir
- 125 ml sosu sojowego
- 2 łyżki miodu
- 2 łyżki octu balsamicznego

przygotowanie

1. Do marynaty wymieszać sos sojowy z octem balsamicznym i miodem.

2. Do naczynia włożyć tuńczyka z imbirem i dymką. Na wierzch wlej marynatę i wstaw wszystko do lodówki na 1 godzinę.
3. Po namoczeniu grilluj tuńczyka na grillu lub na patelni przez 3 do 4 minut z każdej strony.

79. Łosoś z grilla

Składniki

- 200 g filetów pomarańczy (lub plasterków pomarańczy)
- 2 dymki
- 250 g fileta z łososia (bez skóry, świeżego lub mrożonego i rozmrożonego)
- Sól
- pieprz
- 6 łyżek sosu karaibskiego KUNER

przygotowanie

1. W przypadku grillowanego łososia najpierw pokrój filety pomarańczowe lub plastry na kawałki. Dymkę oczyścić i pokroić w krążki.

Łososia pokroić na kawałki wielkości kęsa, doprawić solą i pieprzem do smaku. Ostrożnie wymieszaj sos karaibski z rybą, pomarańczami i cebulą.

2. Przy każdej przesyłce rozłóż folię aluminiową dwukrotnie, ok. 2 godz. 20x20 cm. Wylej ćwiartkę masy na wierzch i zwiń i zamknij folię aluminiową na nadzieniu. Paczki gotujemy na rozgrzanym grillu około 20 minut.
3. Podawaj łososia z grilla.

80. Curry brzoskwiniowo-rybne z parowaru

Składniki

- 400 g suma
- 3 łyżki sosu sojowego
- 1 łyżka soku z limonki
- Sól
- pieprz
- trochę imbiru
- 1 ząbek (ząbki) czosnku
- 1 szt. Papryka chili
- 2 łyżki wiórków kokosowych
- 200 ml mleka kokosowego
- 2 łyżki curry
- 1 pęczek dymki
- 2 brzoskwinie (dojrzałe)

przygotowanie

1. W przypadku curry z brzoskwinią i rybą, oczyść suma i pokrój na kawałki. Dopraw sosem sojowym, sokiem z limonki, solą i pieprzem.
2. Obierz i zetrzyj trochę imbiru. Obierz i drobno posiekaj ząbek czosnku. Rdzeń i drobno posiekaj papryczkę chilli.
3. Wszystkie składniki z wyjątkiem dymki i brzoskwiń włożyć do solidnego naczynia do gotowania i gotować (w 100°C przez 10 minut).
4. Cebulę dymkę oczyścić i pokroić w drobne krążki, brzoskwinie obrać i pokroić na kawałki. Dodaj do pozostałych składników i gotuj wszystko razem (w 100°C przez 5 minut).

81. Rolada z kapusty rybnej

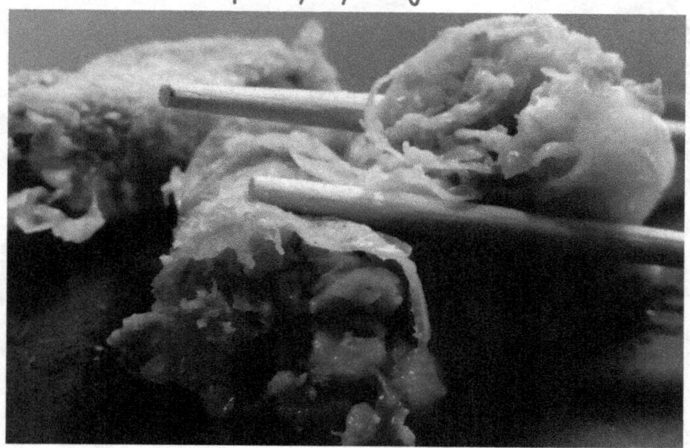

Składniki

- 400 g filetów rybnych (łosoś, golce, pstrąg, szczupak)
- 600 ml śmietanki (płyn)
- 4 żółtka
- Pieprz (świeżo zmielony)
- Sól
- 10 ml soku z cytryny
- 1 szczypta pieprzu cayenne
- 8 szt. Liście ziół (lub liście kapusty)

przygotowanie

1. Filety zmielić i krótko zamrozić, wymieszać ze śmietaną i żółtkiem w mulinie na gładką

masę, doprawić solą, pieprzem i odrobiną soku z cytryny.

2. Z liści kapusty zdjąć szypułkę i pojedynczo ugotować w osolonej wodzie, dobrze odsączyć, nałożyć farsz i zawinąć.
3. Włożyć ostatnią stroną do naczynia żaroodpornego i gotować w nagrzanym piekarniku przez około 30 minut.
4. W razie potrzeby polej je mieszanką śmietany / śmietany.

82. Ciasto z pstrąga łososiowego z parowca

Składniki

- 1 cebula (mała)
- 2 łyżki masła
- 750 g fileta z pstrąga łososiowego
- 90 g białego chleba
- 1 szt jajko
- Sól
- pieprz
- Gałka muszkatołowa
- 350 ml śmietanki
- 1 łyżka koperku (posiekanego)
- Masło (do smarowania)

przygotowanie

1. W przypadku ciasta z pstrąga łososiowego pokrój cebulę w drobną kostkę i włóż do solidnego naczynia do gotowania z masłem. Przykryj folią aluminiową i paruj (w 100°C przez 4 minuty).
2. Filety z pstrąga opłukać, osuszyć i zdjąć skórę. Schłodzić jeden filet, resztę pokroić w kostkę i dodać do cebuli.
3. Okroić biały chleb, pokroić w kostkę, włożyć do naczynia do gotowania razem z jajkiem, solą, pieprzem i gałką muszkatołową.
4. Dodaj śmietanę i wymieszaj wszystkie składniki.
5. Przykryj i odstaw do lodówki na 1 godzinę. Następnie puree. Masa nie może się nagrzewać. Dodaj koperek i wymieszaj.
6. Połowę masy wlać do natłuszczonego podłużnego naczynia, wygładzić i ułożyć filet z pstrąga. Rozłóż resztę masy na wierzchu, wygładź i przykryj. Umieść naczynie na ruszcie w parowarze (w temperaturze 90 ° C przez 60-70 minut).

83. Paszteciki rybne z ziołami ogrodowymi

Składniki

- 500 g filetów rybnych (białe np. sandacz, gładzica)
- 1 szt cebula
- 2 pęczki ziół ogrodowych (np. bazylia, tymianek, oregano, szczypiorek)
- 1 łyżeczka musztardy (grubej)
- 2 szt. jajek
- 1 kawałek cytryny (nieprzetworzony, sok i skórka)
- 5 łyżek bułki tartej
- Sól pieprz
- Oliwa z oliwek (do smażenia)

przygotowanie

1. W przypadku pasztecików rybnych z ziołami ogrodowymi, jeśli to konieczne, najpierw uwolnij filety rybne z kości pęsetą i pokrój w drobną kostkę.
2. Cebulę obrać i pokroić w drobną kostkę. Pokrój zioła w drobne paski. Wymieszać z pozostałymi składnikami i doprawić solą i pieprzem.
3. Uformuj placki wilgotnymi rękoma i smaż z obu stron na rozgrzanej patelni na odrobinie oliwy z oliwek.
4. Fischlaibchen z ziołami ogrodowymi w piekarniku nagrzanym do 180 stopni około 20 minut do zakończenia gotowania i natychmiast podawaj.

84. Grecka zupa rybna (Kakavia)

Składniki

- 1,5 kg ryby śródziemnomorskiej (gurnard, barwena, skorpion lub 600 g ryby fi)
- 1,5l wywaru rybnego (lub wody)
- 4 szalotki
- 3 pomidory
- 2 marchewki
- 3 ziemniaki (małe)
- 2 ząbki czosnku
- 1 liść laurowy
- 1 gałązka (ki) koperku
- 1 gałązka pietruszki
- trochę selera naciowego
- 3 łyżki soku z cytryny

- 4 łyżki oliwy z oliwek
- Sól morska (z młyna)

przygotowanie

1. Pokrój szalotki w krążki i podsmaż na oliwie z oliwek, aż będą przezroczyste. Marchewki i ziemniaki pokroić w kostkę i dodać do cebuli z posiekanym czosnkiem. Na wierzch polać bulionem rybnym lub wodą. Dodaj liść laurowy i gotuj na wolnym ogniu przez około 15 minut. W międzyczasie oczyść rybę, umyj, filetować i odkostnić. Filety pokroić na kawałki wielkości kęsa, doprawić solą i włożyć do wywaru. Odstaw na 5-10 minut na małym ogniu. W międzyczasie pomidory sparzyć (sparzyć), obrać ze skórki, pokroić w kostkę i dodać do zupy. Dopraw do smaku sokiem z cytryny i solą morską. Udekoruj oskubaną natką pietruszki, koperkiem i posiekanymi liśćmi selera.

85. Łosoś z Koperkiem i Pomarańczą z Air Fryer

Składniki

- 3 łyżki oliwy z oliwek
- 1 pomarańcza
- 300g łososia
- 1 koperek
- 1 pęczek koperku
- Sól pieprz

Przygotowanie

1. Pomarańczę i koper pokroić w równe plastry i doprawić odrobiną oliwy z oliwek oraz odrobiną soli i pieprzu. Piec w 160°C przez 10 minut.
2. Teraz połóż koperek na koperku i pomarańczach i zatop na nim łososia.

Dopraw ponownie odrobiną soli, pieprzu i oliwy z oliwek i zetrzyj na rybie skórkę pomarańczową. Piecz ponownie przez 10 minut w 160°C w urządzeniu Airfryer i gotowe!

86. Łosoś w skórce cytrynowej

Składniki

- 250 g fileta z mintaja
- 1 kawałek cytryny (ok. 60 g)
- 1 szczypta soli jodowej
- 1 1/2 łyżeczki mąki pszennej (pełnego ziarna)
- 2 łyżeczki oleju słonecznikowego
- 1 szczypta czarnego pieprzu

przygotowanie

1. Rozmrożonego łososia ułożyć na talerzu i skropić z obu stron cytryną.
2. Następnie sól i pieprz z obu stron i przykryj odrobiną mąki.
3. Rozgrzej olej na patelni, a następnie usmaż łososia z obu stron.

4. W zależności od grubości kawałków i tego, czy łosoś był już całkowicie rozmrożony, rybę gotuje się po 10 minutach.

87. Łosoś pomarańczowy z ryżem orzechowym

Składniki

- 250 g ryżu pełnoziarnistego basmati
- Sól
- 1 organiczna pomarańcza
- 40 g ziół (1 garść; natka pietruszki i koperek)
- łyżka oliwy z oliwek
- pieprz
- 600 g fileta z łososia (4 filety z łososia)
- 50 g solonych orzechów nerkowca

Etapy przygotowania

1. Ugotuj ryż w osolonej wodzie do czasu ugryzienia, zgodnie z instrukcją na opakowaniu.
2. W międzyczasie zmyj pomarańczę na gorąco, osusz, drobno natrzyj skórkę i wyciśnij sok.

Zioła umyć, osuszyć, posiekać i wymieszać z sokiem pomarańczowym i skórką, 4 łyżkami oliwy, solą i pieprzem do marynaty. Posmaruj naczynie do pieczenia resztkami oleju. Łososia opłukać pod zimną wodą, osuszyć i dodać marynatę.

3. Z grubsza posiekaj orzechy. Rozłóż ryż w formie, wymieszaj orzechy i połóż na wierzchu filety rybne. Skrop pozostałą marynatą i gotuj w piekarniku nagrzanym do 200°C (piekarnik z termoobiegiem 180°C; gaz: stopień 3) przez około 20 minut.

88. Łosoś Peklowany z Betabel

Składniki

- 2 szklanki soli zbożowej
- 2 łyżki skórki z żółtej cytryny
- 2 łyżki skórki pomarańczowej
- 2 łyżki świeżego koperku
- 10 kawałków tłustej papryki, pokruszonych
- 1/2 szklanki brązowego cukru
- 2 szklanki buraków pokrojonych w plastry
- 2 kg świeżej ryby pełnej łososia

Przygotowanie

1. W średniej misce wymieszaj sól zbożową ze skórką z cytryny i pomarańczy, koperkiem, pieprzem i cukrem. Rezerwacja.

2. Taca z samoprzylepnego plastiku rozprowadzić ostrza buraków aż do pokrycia powierzchni, dodać trochę masy z miski nad buraki, dodać łososia i całkowicie przykryć pozostałą mieszanką miski.
3. Doskonale owija łososia, dzięki czemu cała powierzchnia pokryta jest burakami i plastikiem.
4. Łososia przechowuj w lodówce przez 1 dzień, aby smaki były nasycone.
5. Wyjmij z lodówki, odkryj łososia w opakowaniu i usuń sól tak dużo, jak to możliwe, aż będzie czysty.
6. Pokrój preparat w cienkie plasterki, podawaj i ciesz się.

89. Marokańskie szaszłyki rybne

Składniki

- ½ łyżeczki nasion kolendry
- 1 łyżeczka kminku
- 5 czarnych ziaren pieprzu
- 2 suszone papryczki chili
- nitki szafranu (1 opakowanie)
- cebula
- Ząbki czosnku
- 1 świeża kolendra
- 1 limonka
- 1 łyżka octu z czerwonego wina
- łyżka oliwy z oliwek
- sól morska
- 400 g fileta z bocji

- 200 g fileta z miecznika

Etapy przygotowania

1. Upiecz nasiona kolendry, kminek i ziarna pieprzu na patelni, aż uniesie się aromatyczny dym.
2. Suszone papryczki chili i nitki szafranu zmiel w moździerzu lub piorunochronie.
3. Cebulę i czosnek obrać i drobno posiekać. Kolendrę umyć, wysuszyć. Zerwać liście i drobno posiekać.
4. Wyciśnij limonkę. Wymieszaj zmielone przyprawy, cebulę, czosnek i kolendrę w misce z 3 łyżkami soku z limonki, octem i oliwą z oliwek, aby uzyskać mieszankę przypraw (chermoula) i sól.
5. Filety rybne opłukać, osuszyć i pokroić na około. Kostki 2 cm. Obróć rybę w około 2/3 chermuli i pozostaw do marynowania w lodówce na co najmniej 1-2 godziny.
6. Ułóż kawałki ryby na 4 długich drewnianych szaszłykach i grilluj je na średnio rozgrzanym węglu drzewnym lub na patelni grillowej przez 2 minuty z każdej strony. Podawaj z resztą chermuli.

90. Rolada z łososiem faszerowanym z grilla

Składniki

- 600 g fileta z łososia
- Sól morska
- 100 g szynki (suszonej na powietrzu)
- 150 g sera owczego
- Papryka (świeża z młyna)

przygotowanie

1. Aby przygotować nadziewaną bułkę z łososia z grilla, pozwól zespołowi sprzedaży NORDSEE pokroić świeży, praktycznie bez kości filet z łososia na około. Plastry o grubości 1 cm i długości 15 cm (podobne do bułek wołowych).
2. Na każdy plaster łososia położyć 1-2 plastry suszonej na powietrzu szynki i posmarować serkiem śmietankowym.

3. Zwiń filety z łososia i umocuj je wykałaczką lub zwiąż bawełnianą nicią.
4. Dopraw roladki z łososia z zewnątrz odrobiną soli morskiej i świeżo zmielonym pieprzem.
5. Nadziewane roladki z łososia grilluj na folii aluminiowej przez około 18 minut na niezbyt wysokim ogniu. Ostrożnie kilka razy odwróć nadziewaną bułkę z łososia z grilla.

91. Tuńczyk na patyku

Składniki

- 4 kawałki tuńczyka (po ok. 120 g)
- 100 g gramów
- Sól
- Pieprz (z młyna)
- 4 łyżki oleju sezamowego
- 2 łyżki sezamu (tosty)
- 50 g pietruszki (posiekanej)
- 100 g dymki (drobno posiekanej)
- 4 drewniane szpikulce (podlewane)

przygotowanie

1. Tuńczyka na patyku posolić, ułożyć na podlanym drewnianym szpikulcu i posmarować olejem sezamowym.

2. Pokrój gramy i upiecz je na patelni. Dodać cebulę dymkę i krótko podsmażyć. Wymieszaj paprykę, prażony sezam i pietruszkę.
3. Wyczyść rozgrzany grill.
4. Szybko grilluj tuńczyka na patyku dookoła z każdej strony, krótko połóż na ruszcie do podgrzewania, posyp mieszanką z kielicha i pozwól mu się chwilę zaparzyć.
5. Skrop tuńczyka na patyku odrobiną oleju sezamowego i podawaj.
6. METODA GRILLA: gorąco dookoła, ale tylko krótko
7. CZAS GRILLA: ok. 2 minuty ok. godz. 200°C, następnie odstawiamy na chwilę

92. grillowane sardynki

Składniki

- 1 kg małych sardynek (lub anchois)
- Mąka
- Kliny cytrynowe do dekoracji
- Do marynaty:
- 1/2 pęczka pietruszki
- 2 ząbki czosnku
- 4 łyżki oliwy z oliwek
- Sok z połowy cytryny
- Sól
- Pieprz (świeżo zmielony)

przygotowanie

1. Rozetnij sardynki na brzuchu i usuń wnętrzności. Spłucz zimną wodą i dokładnie osusz.

2. Do marynaty obrać natkę pietruszki z łodyg, obrać i drobno posiekać ząbki czosnku. Wymieszaj wszystkie składniki w dużej misce. Włożyć rybę i pozostawić do zamarynowania na około 1 godzinę.
3. Sardynki wyjąć z marynaty i lekko oprószyć mąką. Grilluj na grillu przez około 3 minuty z każdej strony. Grillowane sardynki z plasterkami cytryny i daniem ze świeżego białego pieczywa.

93. Dorada z grilla

Składniki

- 4 kawałki morzaleszcz
- 2 kawałki cytryny
- 3 łyżki tymianku
- 4 łyżki morzaSól
- 200 ml oliwy z oliwek
- 4 łyżki pieprzu cytrynowego
- Przyprawa do grilla

przygotowanie

1. Składniki wymieszać w marynacie na grillowaną doradę i marynować doradę przez co najmniej 30 minut. Następnie połóż rybę na grillu i dopraw przyprawą BBQ podczas grillowania.

2. Grilluj rybę, aż skórka będzie chrupiąca. Grillowane danie z dorady i podawaj.

94. Grillowane krewetki

Składniki

- 16 krewetek (bez skorupy)
- 2 cukinie (średnie)
- 4 łyżki oleju
- 1 łyżeczka soli
- 1 łyżeczka cytryny (sok)

przygotowanie

1. Umieść ogony kraba z pokrojonymicukinie na przemian na 4 naoliwionych drewnianych szpikulcach. Skrop oliwą i posyp solą. Grilluj pod rozgrzanym grillem przez 5 do 8 minut, skrop sokiem z cytryny.

2. Przynieś do stołu białe wino i biały chleb.
3. 20 minut.
4. Wskazówka: Cukinia to rodzaj dyni, dlatego jest niskokaloryczna, bogata w witaminy i lekkostrawna - w sam raz na lekką dietę!

95. Grillowane krewetki na warzywach z woka

Składniki

Dla krewetek:

- 500 g krewetek (czerwone)
- 1 łyżka oleju arachidowego
- 2 łyżki czosnku
- 2 łyżeczki imbiru (świeżo posiekanego)
- 4 dymki
- 100 g papryki (czerwonej i zielonej)

Na sos:

- 200 ml piersi z kurczaka
- 2 łyżki wina ryżowego Shaoxing (lub białego wina)
- 3 łyżki sosu sojowego
- 2 łyżki Paradeismmark
- 1 łyżka mąki kukurydzianej

przygotowanie

1. Energicznie podgrzej wok, a następnie dodaj olej arachidowy. Podsmaż w nim czosnek i imbir. Dodaj posiekaną paprykę i dymkę. Ponownie upiecz wszystkie składniki. Wymieszanym wcześniej sosem polać warzywa. Krewetki przeciąć na pół i usunąć jelita. Dopraw solą i pieprzem i smaż mięsną stroną do góry. Na koniec ułóż warzywa i połóż na wierzchu smażone krewetki.

96. Grillowane szaszłyki z owoców morza

Składniki

Do szaszłyków

- 1 cukinia
- 200 g filetu z łososia gotowego do ugotowania, bez skóry
- 200 g filetu z sandacza gotowego do ugotowania, ze skórą
- 200 g krewetek gotowych do ugotowania, obranych i pozbawionych mięsa
- 2 nieprzetworzone limonki
- 1 łyżeczka czerwonego pieprzu
- $\frac{1}{2}$ łyżeczki czarnego pieprzu
- sól morska
- 4 łyżki oliwy z oliwek
- Do kąpieli
- 500 gramów

- jogurt naturalny
- papryka z młyna
- cukier

Etapy przygotowania

2. Umyj i oczyść cukinię i pokrój w plastry o grubości 1 cm. Rybę umyć, osuszyć i pokroić w kostkę wielkości kęsa. Umyj krewetki. Spłucz limonki gorącą wodą, natrzyj skórkę jednej limonki i wyciśnij sok. Pozostałą limonkę pokrój w plasterki. Grubo zmiel ziarna pieprzu w moździerzu i wymieszaj z dużą szczyptą soli, oliwą i połową soku z limonki. Na szaszłyki ułożyć na przemian kostki rybne z plastrami cukinii i krewetkami i polać marynatą z limonki. Pozostaw na 30 minut.
3. Na dip wymieszaj jogurt z resztą soku z limonki, wymieszaj z solą, pieprzem i szczyptą cukru, przelej do miseczek i udekoruj skórką z limonki. Ułóż szaszłyki razem z plasterkami limonki na rozgrzanym grillu i grilluj przez 8-10 minut, od czasu do czasu obracając. Podawać z dipem.
4.

97. Szaszłyk rybny z sosem taratorowym

Składniki

- 700 g jędrnego fileta rybnego (miecz lub tuńczyk)
- 1 cytryna (sok)
- Oliwa z oliwek
- Papryka w proszku (szlachetna słodka)
- Sól morska (z młyna)
- Pieprz (z młyna)
- Liście laurowe (świeże)

Na sos:

- 100 g orzechów włoskich (obranych)
- 3 ząbki czosnku
- 2 kromki białego chleba (bez skórki)
- 150 ml oliwy z oliwek
- 1 cytryna (sok)

- Sól morska (z młyna)
- Pieprz (z młyna)

przygotowanie

1. Pokrój filet rybny na ok. 2 cm. Kostki o grubości 2 cm i marynować z sokiem z cytryny, oliwą z oliwek, papryką w proszku, solą morską i pieprzem przez ok. 2 godz. 1 godzina. Następnie na dużym lub kilku małych metalowych szpikulcach przyklej kawałki ryby na przemian liściem laurowym. Grilluj na węglu drzewnym, jeśli to możliwe, w przeciwnym razie smaż na patelni teflonowej. Wymieszaj wszystkie składniki w mikserze, aby uzyskać jednorodny sos do sosu. Ułóż usmażone szaszłyki, sos podawaj osobno.

98. Grillowany łosoś alpejski

Składniki

- Łosoś alpejski
- Oliwa z oliwek
- Przyprawy (do wyboru)
- Zioła (do wyboru)

przygotowanie

1. W przypadku łososia alpejskiego dobrze umyj gotową rybę i osusz.
2. Posmaruj rybę oliwą z oliwek i natrzyj od środka i na zewnątrz wybranymi przyprawami. Umieść wybrane zioła w brzuchu ryby.
3. Umieść rybę na grillu i grilluj przez około 7 minut.

99. Feta śródziemnomorska w folii

Składniki

- 1 ząbek (ząbki) czosnku
- 2 łyżki kremu roślinnego Rama Culinesse
- 1 szt szalotka
- 1 łyżka orzeszków piniowych
- 6 gałązek tymianku (alternatywnie 1 łyżeczka suszonego tymianku)
- 5 szt. Oliwki (bez pestek)
- 1 łyżeczka kaparów
- 4 kawałki filetów z sardeli
- 20 g pomidorów (suszone na słońcu)
- 6 pomidorków koktajlowych
- 2 kawałki fety (po 150g)

przygotowanie

1. Szalotkę i czosnek obrać i pokroić w drobną kostkę. Piecz orzeszki pinii na patelni bez tłuszczu, na średnim ogniu na złoty kolor. Z grubsza posiekaj tymianek, oliwki, kapary, anchois, orzeszki pinii i suszone pomidory i wymieszaj z szalotką, czosnkiem i kremem warzywnym.
2. Umyj i pokrój pomidorki koktajlowe. Rozłóż dwa kawałki folii aluminiowej i ułóż na każdym po jednej fecie, na wierzch posmaruj plastry pomidora i krem z warzyw ramowych. Złóż folię aluminiową w paczki i umieść na grillu na około 15 minut.

100. Ryba molwa w folii

Składniki

- 300 g pieczarek
- 3 marchewki
- 125 ml klasycznego bulionu warzywnego
- Sól
- pieprz
- 600 g filetu z ryby molwy (4 filety z ryby molwy)
- 2 bieguny
- trawa cytrynowa

Etapy przygotowania

1. Pieczarki oczyścić i pokroić w plastry.

2. Oczyść, obierz i umyj marchewki. Najpierw pokrój wzdłuż na cienkie plasterki, a następnie na cienkie paski.
3. W rondelku z 5 łyżkami wywaru włożyć paski marchewki, dodać pokrojone w plastry pieczarki i gotować pod przykryciem przez około 5 minut na średnim ogniu. Dopraw solą i pieprzem.
4. Układanie 4 dużych kawałków folii aluminiowej (ok. 30x30 cm każdy) na powierzchni roboczej. Zagnij trochę krawędzie, aby później nic nie wyciekło.
5. Warzywa podzielić na 4 kawałki folii aluminiowej. Filety rybne opłukać, osuszyć i ułożyć na warzywach. Sól i pieprz.
6. Trawę cytrynową oczyścić i umyć, oderwać twarde zewnętrzne liście; Drobno posiekaj miękkie wnętrze i posyp filety rybne.
7. Na 1 porcję skrop 2 łyżkami wywaru warzywnego. Folię aluminiową szczelnie złożyć w paczki i grillować na gorącym grillu przez 12-15 minut.

WNIOSEK

Pamiętaj, że owoce morza są nie tylko smaczne, ale mogą również być korzystne dla Twojego zdrowia.

CPSIA information can be obtained
at www.ICGtesting.com
Printed in the USA
LVHW080825090822
725492LV00002B/28